Ofelia Castañeda López
Johnny Leobardo González Pérez

Un sitio WEB para las lagunas costeras mexicanas.

Ofelia Castañeda López
Johnny Leobardo González Pérez

Un sitio WEB para las lagunas costeras mexicanas.

Diseño, construcción y estructura para la transmisión de información diagnóstica y de estudios científicos.

Editorial Académica Española

Publisher:
Editorial Académica Española
is a trademark of
Dodo Books Indian Ocean Ltd. and OmniScriptum S.R.L publishing group

120 High Road, East Finchley, London, N2 9ED, United Kingdom
Str. Armeneasca 28/1, office 1, Chisinau MD-2012, Republic of Moldova, Europe
Printed at: see last page
ISBN: 978-620-2-13099-8

Contenido

Dedicatoria

A mi hijo Daniel, quien ha sido mi motor de inspiración para culminar con esta obra y sea yo un ejemplo a seguir para él.

A mi pareja Sandra Nayeli quien, junto con mi hijo Daniel, me ha apoyado, y con muchos sacrificios y pacientemente me han esperado.

A mis padres, Leobardo González Cantero y Belem Pérez Salcedo, quienes siempre me han apoyado incondicionalmente, quienes se sacrificaron para darme una educación y quienes con ahínco y tesón, nunca quitaron el dedo del renglón para que yo concluyera una carrera profesional.

A mis hermanas Belem y Jenny González Pérez, quienes siempre han estado dispuestas y nunca han dudado en ofrecerme su apoyo incondicional.

A mis profesores, quienes se empeñaron en lograr que sus enseñanzas rindieran frutos y tuvieran éxito.

A mis amigos, quienes siempre me alentaron.

Agradecimientos

Agradezco a mis profesores del Instituto Tecnológico de Iztapalapa y, en especial, mi reconocimiento a la Lic. Orquídea Acevedo Calderón por su asesoramiento para la elaboración de esta obra.

Agradezco a la Mtra. Ofelia Castañeda López, encargada del CDELM, del Departamento de Hidrobiología de la UAM de Iztapalapa, por las facilidades que me brindó, y su apoyo, para poder realizar mi Residencia Profesional en su área con el desarrollo del diseño del sitio web.

Quiero agradecer también a la Universidad Autónoma Metropolitana, Unidad Iztapalapa, por abrirme las puertas y facilitarme sus espacios, para hacer mi Residencia Profesional en esta Institución a través de las oficinas de Servicio Social y Prácticas Profesionales para crear la vinculación y abrir el convenio con el Instituto Tecnológico de Iztapalapa.

A mis padres Belem y Leobardo, mi reconocimiento y gratitud siempre, por guiarme por el buen camino, por inculcarme valores, por su amor, paciencia y comprensión.

Deseo agradecer también a quienes me ayudaron a conseguir materiales y bibliografías.

Mi agradecimiento a quienes, de una manera u otra, me apoyaron a lo largo de estos años para que pudiera concretar mi carrera profesional con esta obra. No hay palabras suficientes, para expresar mi gratitud, aprecio y cariño.

Resumen

La zona litoral, desde la perspectiva de su estudio ecológico, representa un reto, ya que en esta amplia franja se ubica un mosaico de hábitats, ecosistemas, biotopos y ecotonos. La interacción del mar con las tierras húmedas y las características propias de éstas últimas, conforman un complejo objeto de estudio, donde el análisis de cada uno de sus componentes y una visión integral del ecosistema son elementos imprescindibles para la comprension e interpretación de los diversos fenómenos que ahí ocurren.

Las planicies costeras son el resultado de numerosos factores en donde están involucrados desde la climatología local y su ciclo hídrico, hasta complejos mecanismos biológicos y adaptativos de los organismos acuáticos, pasando por complicados procesos para la reutilización de materiales biogénicos. Así, resulta poco beneficioso el proponer programas y soluciones eventuales dirigidas exclusivamente a la línea litoral sin entender y comprender los fenómenos que suceden en las tierras altas, cuando son precisamente sus escurrimientos una de las causas del origen de estas planicies. En México estas interacciones, junto con su posición geográfica, han dado como resultado que se originen ecosistemas de un alto valor ecológico y productivo, entre los que destacan sus áreas inundables, pantanos y lagunas costeras.

Sin embargo, no existe una planificación adecuada o política especialmente dirigida a la conservación y/o aprovechamiento de estos recursos. Lo anterior es el resultado de que, por un lado, el conocimiento sobre esta problemática haya quedado circunscrita solamente a la investigación científica, principalmente encabezada por instituciones de educación superior o centros de investigación, y por otro, que los proyectos y programas iniciados por el sector gubernamental hayan subestimado la interacción con la comunidad científica.

Teniendo en cuenta lo anterior, el presente proyecto consiste en el desarrollo de un sistema web de consulta digital que utiliza nuevas tecnologías para mejorar el proceso de consulta de la Universidad Autónoma Metropolitana. El objetivo de este es proveer información completa y actualizada sobre ecosistemas costeros a través del Centro de Documentación Ecosistemas Litorales Mexicanos (CDELM), así como brindar una serie de funcionalidades a los profesores y alumnos que consulten el sitio. En la actualidad, los sitios web son de vital importancia e indispensables para acceder a información especializada, ya que hacen posible que haya mayor difusión. Este proyecto se desarrolla con las tecnologías de html5, css, javascript, y php, las cuales sirvieron efectivamente para recopilar toda la información del CDELM con sus respectivas directrices.

Introducción

El estudio de los ecosistemas costeros es complejo, pues éstos son resultado de la interacción de múltiples factores naturales: el aporte de agua dulce desde los ríos que provienen de tierras altas, el aporte de agua marina debido a las mareas y la apertura de entradas o bocas en los cuerpos acuáticos, variaciones climáticas regionales, particularidades biológicas como la vegetación halófita, tasas de sedimentación variables y dependientes de la dinámica costera, y recientemente, el efecto de las modificaciones y actividades antropogénicas.

A pesar de las limitaciones presupuestales que han ocurrido en el sector de investigación científica, hay continuación y generación de proyectos para conocer los recursos naturales existentes en los ecosistemas costeros e implementar nuevas medidas para su uso y manejo, por lo que distintas instancias en algunas regiones costeras de México han contribuido con importantes avances en el conocimiento de estos ecosistemas, principalmente los que tienen alto potencial económico y ecológico.

Con base en la importancia que tienen los ecosistemas costeros de México, en la presente tesis se presenta un análisis parcial de la disponibilidad de información sobre el estado de conocimiento de los cuerpos de agua costeros, de ambas costas, mediante la recolección de literatura especializada para la construcción y mejoramiento de un sitio web actualizado para consulta de fuentes de referencia, características y descripción de los ecosistemas costeros que existen en México.

Desde un cliente Web, toda la información utilizable se ve como un "universo plano" en el cual la mayor parte de los datos está accesible en unas cuantas pulsaciones, ocultando un entramado de detalles necesarios para acceder a los datos. Sin embargo, existe una estructura de ordenadores configurados en los que se ejecutan aplicaciones encargadas de almacenar e intercambiar la información. Al respecto, cabe mencionar una distinción clara entre Internet y la World Wide Web (WWW); esta última es uno más de los servicios de información que se encuentran en Internet, cuya red de computadores se comunican por el protocolo TCP/IP. La evolución del uso de los navegadores Web como interfaz facilita el acceso a numerosos servicios de Internet.

El proyecto Web ha basado su éxito en un diseño muy apropiado de sus elementos, por lo que, a partir de su relativa sencillez, es apto para la construcción de sistemas de información complejos, ya que está basado en un modelo cliente-servidor en el que los intercambios de información entre servidores y clientes se realizan a través de sencillas solicitudes.

Los servidores HTTP son el centro del sistema de distribución de información. En ellos, los clientes ingresan con URLs (Universal Resource Locator), los cuales son muy similares a los paths de acceso a un documento, en la estructura de directorios de un ordenador y que además contienen la dirección de Internet sobre el ordenador que proporciona el documento. Este proceso localiza la copia original de los documentos a distribuir para que los clientes tengan la facilidad de recolectarlos.

Los clientes Web se encargan de recoger la información de los servidores y mostrarla de la forma más conveniente, por lo tanto, es necesario disponer de una terminal o dispositivo para cada entorno de trabajo. Sin embargo, como se expone más adelante, las capacidades de los clientes Web pueden ser más extensas.

Justificación

México cuenta con 1,567,000 ha de superficies estuarinas. El Pacífico posee en promedio 892,800 ha y el Golfo de México no menos de 674,500 ha. Las aguas estuarinas se pueden definir como aquellas superficies acuáticas en donde hay una mezcla entre el agua proveniente de los escurrimientos continentales y la oceánica por medio del fenómeno mareal. El término estuario proviene de la palabra *aeustus* que significa marea. Los ecosistemas costeros estuarinos destacan por la importancia intrínseca para las numerosas especies que los habitan, ya sea de forma temporal o permanente (Contreras y Castañeda, 2004).

La WWW agrupa varios aspectos que hacen de ella una tecnología atractiva y prometedora, porque es un sistema de hipertexto que permite saltar de una página a otra con gran facilidad a través de enlaces. También se le puede considerar un sistema multimedia, pues mezcla textos con gráficos y objetos en otros formatos (esencialmente imágenes, sonidos y videos), además de que puede ejecutar aplicaciones. Anteriormente fue un sistema que permitía navegar en la red y sacar lo mejor de los distintos servicios de Internet, así como facilitaba que la documentación estuviera disponible en una red privada de una forma poco costosa y atractiva.

Actualmente es un medio que permite la ejecución de múltiples aplicaciones, sin embargo, mantiene su funcionalidad y las características de universalidad y gratuidad. Internet es universal por las páginas WWW que están disponibles para cualquier tipo de dispositivo y usuario conectado. Como parte de esta universalidad se podría incluir la igualdad de la red que da la misma categoría de un servidor privado al servidor de una gran compañía con varias páginas y un enorme equipo de desarrollo.

Otro elemento importante es la sencillez, por lo que está dirigido a cualquier tipo de usuario, ya sea que tenga conocimientos informáticos o no, así que su uso es relativamente fácil. Para conseguir este elemento, la WWW utiliza técnicas de hypermedia lo que permite incluir textos, imágenes, animaciones, sonidos y videos desde un documento. De tal forma, que los documentos pueden enlazarse unos con otros con facilidad sin importar su localización.

Con base en la información analizada y resumida en torno a los recursos litorales de México, la cual será contenida en la web del CDELM, los autores consideramos que el avance en el conocimiento de estos ecosistemas ha prosperado significativamente en los últimos treinta años y que la cantidad y calidad de las investigaciones e información es excelente, en términos generales, por lo que para contribuir a la toma de decisiones dirigidas a la conservación, regeneración, uso o manejo de estos recursos se pueden emplear las nuevas tecnologías informáticas y de almacenamiento, de manera que la información esté disponible para cualquier usuario.

Este proyecto surge de la necesidad de crear un espacio web que funcione como base de datos y vincule los sectores interesados en información básica de ecosistemas costeros de México. Se pretende que el sitio web sirva de apoyo para el área de investigación científica, así como para tomadores de decisiones en el sector gubernamental e instancias dedicadas a la gestión de los ecosistemas costeros. Se busca que el sitio web del CDELM de la UAMI concentre la mayor cantidad posible de información sobre el conocimiento y actualidades de los ecosistemas costeros, por lo que, al tener una gran capacidad para visualización de archivos, un sitio WEB representa una fortaleza para enfrentar la competencia internacional en puntos específicos que requieren de gran amplitud tecnológica.

Objetivos

General

- Diseñar, construir y elaborar un sitio web para el CDELM que permita el acceso libre para consulta de información general y especializada sobre ecosistemas costeros estuarinos.

Específicos

- Diseñar y estructurar una base de datos con información diagnóstica y de estudios científicos a partir de un glosario de búsqueda en la web que dirija al usuario al acervo documental en materia de gestión de los ecosistemas costeros de México.

- Construir un sitio web cuya estructura proporcione información especializada y científica de fácil acceso a partir de la visualización y conceptualización de las problemáticas y alternativas para el uso y manejo de la zona costera y sus ecosistemas.

- Transmitir la funcionalidad del sitio web a los usuarios para que puedan reconocer la zona costera y sus ecosistemas como un ente natural y gestionable desde el punto de vista ecológico y económico.

Capítulo 1. Generalidades

1.1 ¿Qué es el CDELM?

Ante la necesidad de coadyuvar al ordenamiento ecológico y gestión de las costas mexicanas, la colaboración con distintas instituciones académicas para compartir la información generada por los grupos de investigación científica especializados en ecología, biología, conservación y gestión de los ecosistemas costeros y sus recursos hidrobiológicos ha sido indispensable, lo que propició la fundación del Centro de Documentación de Ecosistemas Litorales Mexicanos (CDELM) en 1989, el cual pertenece al Departamento de Hidrobiología de la Universidad Autónoma Metropolitana-Unidad Iztapalapa. Este es un proyecto académico fundado en 1989 los académicos integrantes del Laboratorio de Ecosistemas Costeros (antes de Oceanografía), con el cual se pretende reunir toda la información existente sobre los recursos costeros litorales mexicanos.

Mucha de la información objetivo se encuentra dispersa o inaccesible, en específico, las ciencias marinas y/o costeras en México tienen un número relativamente bajo de publicaciones disponibles referentes a las distintas características de los ecosistemas litorales, debido a que no fue hasta los años sesenta que el estudio especializado de los ecosistemas costeros y estuarinos tomó mayor relevancia para la comunidad científica.

El CDELM se ha dedicado a reunir, catalogar y capturar la información dispersa tomando en cuenta criterios rigurosos de revisión y selección de la información, por lo que la mayoría, o totalidad, de la información disponible en su base de datos proviene de artículos científicos, tanto nacionales como internacionales, tesis de diferentes grados académicos e informes de participaciones en eventos especializados. El CDELM está constituido por un acervo informativo de aproximadamente 5400 referencias bibliográficas (con resumen incluido), de todos los temas científicos publicados acerca de los ecosistemas litorales mexicanos.

A continuación, se describen las generalidades del CDELM:

- Nombre de la institución:

Centro de Documentación de Ecosistemas Litorales Mexicanos (CDELM). Departamento de Hidrobiología, Área de Ecosistemas Costeros, División de Ciencias Biológicas y de la Salud Universidad Autónoma Metropolitana, Unidad Iztapalapa. RFC de la empresa: UAM-740101AR1

- Misión:

Impulsar y fortalecer las actividades que permitan acercar los resultados de la investigación en la UAM Iztapalapa a los sectores productivos público y privado para contribuir al bienestar de la sociedad y la competitividad del país.

- Visión:

Normalizar, estandarizar, regular y promocionar los procesos de transferencia de los conocimientos innovadores generados en la UAM Iztapalapa, a través de una oficina única que atienda a los investigadores y a los sectores público y privado interesados en información especializada, protegiendo, en primera instancia, a los conocimientos a comercializar.

La UAM Iztapalapa se ha consolidado como la instancia promotora de las capacidades de esta unidad académica, estableciendo una relación confiable entre los sectores productivos y la Universidad. El CDELM es una oficina que actúa con transparencia y visión de futuro coadyuvando al compromiso social de la UAM Iztapalapa.

- Ubicación y datos de contacto:

San Rafael Atlixco 186, Vicentina, Iztapalapa C.P. 09340 Ciudad de México. Teléfono: 5804-4745 y 46. Responsable: Mtra. en Educación Ambiental Ofelia Castañeda López, correo electrónico: clo@xanum.uam.mx

- Giro:

La tarea del Departamento de Hidrobiología reside en articular los eslabones de una cadena que vaya de la descripción a la generación de información y tecnología dirigida a su objeto de estudio que incluye a los recursos hidrobiológicos de los ecosistemas acuáticos (UAM, 2014).

Figura 1. Ubicación del CDELM, Depto. de Hidrobiología, UAM Iztapalapa.

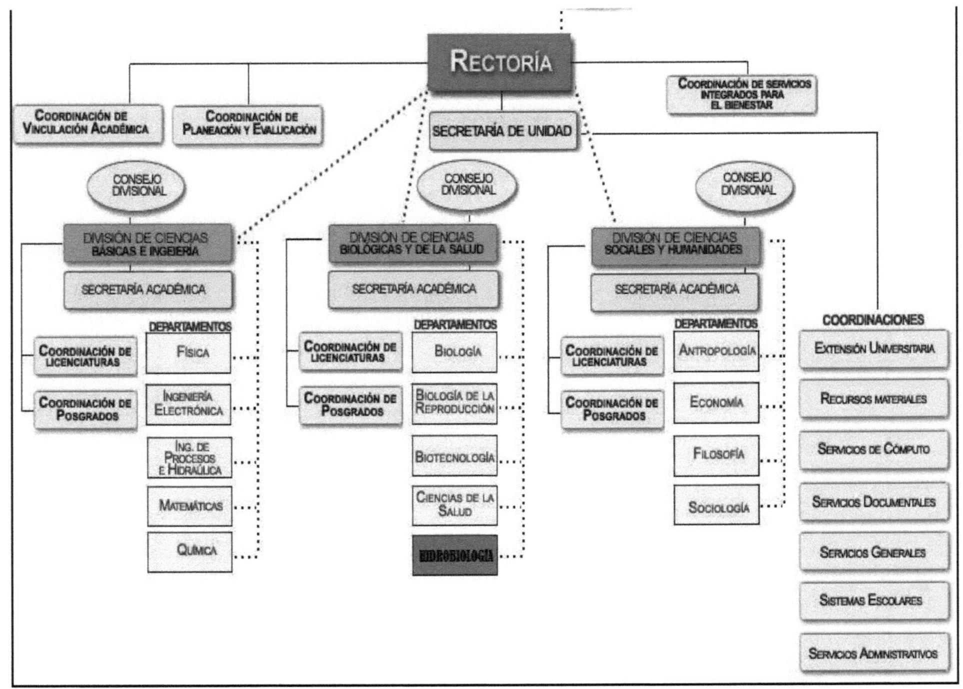

Figura 2. Organigrama de la Institución y escalón del CDELM.

1.2 Marco de referencia del proyecto

1.2.1 Planteamiento del problema

Gracias al estudio y seguimiento en campo de los ecosistemas litorales mexicanos, se ha podido identificar la necesidad de un medio virtual que facilite el acceso a la información generada sobre estos ecosistemas y compartir los progresos de la comunidad científica para fomentar una formación académica con mayor alcance y competitividad en las áreas que comprende el Departamento de Hidrobiología.

A pesar de que la Universidad Autónoma Metropolitana es conocida por las herramientas tecnológicas que dispone, carece de un medio tecnológico que promocione sus avances e innovaciones en el Centro de Documentación de Ecosistemas Litorales Mexicanos (CDELM). Para el CDELM resulta pertinente solucionar el problema de tipo informativo en el área y considera necesarias las siguientes acciones:

- Implementar y/o habilitar un espacio en internet para que los usuarios puedan localizar información requerida sobre el estado actual de los ecosistemas costeros, de esta forma la UAM será una institución líder en investigación especializada en recursos costeros e hidrobiológicos.

- Optar por programas de difusión acerca del uso de tecnologías de la información para el conocimiento e investigación en el área de ecosistemas costeros dirigidos a la comunidad universitaria y el público en general para facilitar el acceso a la información con mayor facilidad.

1.2.2 Alcances del proyecto

El presente proyecto permitirá a la comunidad universitaria y el público en general, principalmente el sector educativo, lo siguiente:

- Conocer y comprender los avances de las nuevas tecnologías de la información y su impacto en la investigación sobre ecosistemas costeros mexicanos.

- Utilizar las herramientas tecnológicas para tener un acceso rápido y actualizado a datos e información contenida en las bases de datos del CDELM.

- Suministrar al CDELM datos de preferencia de búsqueda para mejorar la estructura del sitio web y ofrecer una mejor experiencia en la consulta de la información mediante el uso de herramientas virtuales.

- Emplear la información contenida en el CDELM y aplicar los conocimientos adquiridos en trabajos especializados y de difusión y divulgación científica.

- Actualizar los conocimientos previos de los ecosistemas costeros y consultar su estado actual con base en la recopilación de información actual contenida en el CDELM.

- Permitir a los alumnos, docentes e investigadores tener un mayor conocimiento de los procesos, proyectos y acontecimientos que ocurren en los ecosistemas litorales.

La finalidad del presente proyecto es dotar al CDELM de una herramienta virtual que le permita mejorar la comunicación entre la comunidad académica y promoverla a nivel nacional e internacional, utilizando adecuadamente los recursos tecnológicos de comunicación existentes. Así como agilizar procesos pedagógicos y fortalecer las habilidades docentes y destrezas al utilizar los medios virtuales informativos para la potenciar su desempeño y mejorar las actividades de docencia.

Con la puesta en marcha de este proyecto se busca beneficiar directamente a la comunidad universitaria de la UAM Iztapalapa para propiciar la comunicación entre los grupos que la componen y otras instituciones de educación superior e investigación.

1.2.3 Limitaciones

Debido a los objetivos de este proyecto, se considera como limitaciones el tiempo en que se llevará a cabo el trabajo de construcción del sitio web, el cual será de máximo 6 meses, y la cantidad de recursos disponibles en el Área de Ecosistemas Costeros. Además, no se contempló el mantenimiento del sitio web, más que su diseño, construcción y operación inicial, lo que afectará la operación del sitio en el futuro, ya que solo se prevé el desarrollo de la interfaz sin contemplar el catálogo de imágenes, la validación de cuentas de redes sociales y micro blogs, en general. Otra limitante importante es la falta de personal dedicado al desarrollo de este proyecto, lo que ocasiona que los procesos se lleven a cabo en menor cantidad.

Capítulo 2. Marco Teórico

2.1 Generalidades de los ecosistemas litorales

Un ecosistema litoral es un conjunto de factores naturales (sistema) en el que interactúan variables físico-químicas, como el oxígeno, temperatura, cantidad de nutrientes, salinidad, entre otras, y factores biológicos, como las poblaciones y comunidades de organismos de distintos tipos y sus procesos biológicos. Cada uno de los individuos pertenecientes al ecosistema cumple una función necesaria para que este último mantenga sus condiciones y las particularidades de nicho ecológico.

Los ecosistemas litorales son altamente productivos y han sido ampliamente estudiados por la comunidad científica. La productividad primaria de los ecosistemas costeros constituye la base de la cadena alimenticia. Además, las planicies costeras son el resultado de numerosos factores en donde están involucrados desde la climatología local y su ciclo hídrico, hasta complejos mecanismos biológicos y adaptativos de los organismos acuáticos, pasando por complicados procesos para la reutilización de materiales biogénicos.

Resulta poco beneficioso el proponer programas y soluciones eventuales dirigidas exclusivamente a la línea litoral sin entender y comprender los fenómenos que suceden en las tierras altas, cuando son precisamente sus escurrimientos una de las causas del origen de estas planicies. En México estas interacciones, junto con su posición geográfica, han dado como resultado que se originen ecosistemas de un alto valor ecológico y productivo, entre los que destacan sus áreas inundables, pantanos y lagunas costeras.

La zona litoral, desde la perspectiva de su estudio ecológico, representa un reto, ya que en esta amplia franja se ubica un mosaico de hábitats, ecosistemas, biotopos y ecotonos. La interacción del mar con las tierras húmedas y las características propias de éstas últimas, conforman un complejo objeto de estudio, donde el análisis de cada uno de sus componentes y una visión integral del ecosistema son elementos imprescindibles para la comprensión e interpretación de los diversos fenómenos que ahí ocurren.

Hoy en día, para poder estar a la vanguardia, es importante tener en cuenta la importancia y el auge de los sitios web para difundir y dar a conocer los procesos pedagógicos que se adelantan en las instituciones educativas para realizar en ellos intercambios con los nuevos avances en investigaciones, entre otros (Contreras-Espinosa, 2010).

2.2 ¿Qué es la World Wide Web?

La World Wide Web o WWW, es "la red que cubre el mundo", el agrupamiento de toda la información disponible en Internet que puede ser accedida a través de un navegador Web. Para tal efecto, es común utilizar los términos Web, WWW o World Wide Web.

Para las páginas de internet existen sistemas de escritura llamados "lenguaje de marcado". El HTML (Lenguaje de Marcas de Hipertexto) es el más utilizado; con este lenguaje se mandar órdenes para que la información se presente en los navegadores y así mostrar las páginas web. Las conocidas marcas o etiquetas (tags) permiten dar formato al documento y combinarlo con otros elementos multimedia.

Tabla 1. Definiciones de los elementos de WWW (World Wide Web)

Protocolo HTTP	<ul><li>Se creó para que los hipertextos, hipervínculos e hipermedias cumplan su función.</li><li>Las siglas corresponden a Hypertext Transfer Protocol o Protocolo de Transferencia de Hipertexto.</li><li>Funciona siguiendo cuatro pasos básicos: conexión, solicitud, respuesta y desconexión.</li><li>Considerado un protocolo sin estado, porque no guarda información sobre las transacciones que hace.</li></ul>
Navegadores	<ul><li>Para navegar por internet se necesita un programa que pueda acceder a las páginas web, estos programas se llaman navegadores; los más</li></ul>

	conocidos son Internet Explorer, Mozilla Firefox y Google Chrome.
Direccionamiento URL	• Sirve para nombrar la localización de la información a la que se quiere acceder en internet a través de un sistema estándar de caracteres. • Cada uno de los recursos de información en la red tiene una URL única. Con esta dirección, el navegador accede a la página y la muestra en pantalla.
Buscadores	• Para encontrar los datos deseados si no se conoce la URL, se hace uso de los servidores de búsqueda o buscadores. Los buscadores más conocidos son Google y Yahoo.

Cada objeto que se inserta en una página web es un archivo independiente de la propia página, es decir, sólo se vinculan archivos. Se dice que un vínculo está roto cuando una página web no puede recuperar algunos de los objetos que tenía incrustados, o cuando un hipervínculo no está bien configurado. Los elementos típicos que se presentan en una web son textos, gráficos, fotografías, animaciones, video y audio.

2.3 Sistema HyperText Markup Language 5 (HTML5)

Hoy en día es imprescindible reconocer la importancia de los sitios web para difundir información actualizada y conocer los avances aplicados y/o utilizados el área educativa y en la investigación sobre los ecosistemas costeros mexicanos. Sobre el uso de tecnologías, el html5 no es tan diferente de lo que se conoce como lenguaje de marcas de hipertexto o HyperText Markup Language, la diferencia radica en que html5 se define como un grupo de tecnologías que trabajan en conjunto para poder resolver un fin determinado. Las tres tecnologías usadas bajo este nombre son html5, css3, y JavaScript; la mayoría de estas tecnologías se consideran Font-end ya que se utilizan para la programación directamente con el usuario o cliente.

Utilizando el html5 se pueden crear sitios sin necesidad de saber programación, ya que es posible utilizar gestores de contenidos o un sistema de gestión de contenidos (en inglés Content Management System, mejor conocido por sus siglas CMS). Sin embargo, en el caso particular del presente proyecto destinado para uso de la UAM Iztapalapa, se considera que el uso de esta tecnología no es viable debido a las limitaciones que implica. Por lo anterior, es que se pretende utilizar la tecnología html5 para desarrollar la estructura principal del sitio web utilizando etiquetas para textos e imágenes como encabezados y demás elementos. Además, se puede hacer uso de editores de texto, como el notepad++ o Sublime Text, para manipular directamente el código HTML5.

- Ejemplo básico del trabajo de etiquetas html5 (Tomado de w3schools, 2016).

```
<HTML>
      <HEAD>
            <TITLE>P&aacute;gina de ejemplo</TITLE>
      </HEAD>
  <BODY>
            <H2> Encabezado </H2>
            <P>Primer p&aacute;rrafo debajo del encabezado.</P>
            <H3> Un encabezado <BR> en dos renglones </H3>
            <P>P&aacute;rrafo con partes <B>en negrita</B> </P>
  </BODY> </HTML>
```

Por otro lado, el CSS o cascading style sheets (hojas de estilo en cascada) es un lenguaje para crear presentaciones de un documento estructurado anteriormente con HTML.

Tabla 2. Versiones del CSS (cascading style sheets) y sus especificaciones.

Versión	Especificaciones
CSS 1	• Propiedades de las fuentes: tipo, tamaño y énfasis • Color de texto, fondos, bordes u otros elementos • Atributos del texto como espaciado entre palabras, letras, líneas, etc. • Alineación de textos, imágenes, tablas u otros • Propiedades de caja como margen, borde, relleno o espaciado • Propiedades de identificación y presentación de listas
CSS 2	• Funcionalidades propias de las capas (<div>) como de posicionamiento relativo/absoluto/fijo, niveles (z-index), etc. • Concepto de "media types" • Soporte para las hojas de estilo auditivas • Texto bidireccional, sombras, etc.
CSS 2.1	• Corrige algunos errores encontrados en CSS2 • Elimina funciones poco soportadas o inoperables en los navegadores
CSS 3	• Dividida en documentos separados llamados "módulos" • Preserva funciones de CSS2 para mantener la compatibilidad, pero añade nuevas funciones por modulo

Como todos los sitios web creados para todo tipo de empresa o institución, es decir, aquellos en los que se crean o manipulan imágenes digitales y apartados de texto, dependiendo la índole del medio, se crea una interfaz intuitiva para el usuario, logrando mantener a los usuarios a la expectativa del sitio.

- Ejemplo de uso básico de CSS (w3schools, 2016).

```
Body {
    Background-color: #180A0A;
}

h1 {
    text-shadow: 0 5px 3px #CCC;
    color: #000;
    font-size: 40px;
}

h2 {
    text-shadow: 0 5px 3px #CCC;
    color: #000;
    font-size: 40px;
}

p {
    font-family:"Times New Roman"
    font-size: 40px;
}
```

2.4 Diseño responsive o sensible

Los nuevos avances tecnológicos se pueden apreciar en las TIC's, ya que en ellas es posible visualizar cualquier contenido web en cualquier tipo de dispositivo, desde ordenadores de escritorio, tablets y móviles. Se considera que para la educación debe ser fundamental el uso de las tecnologías de la información (TIC's), porque la consulta de información en los medios digitales cobra mayor relevancia cada día y aumenta la competitividad y productividad laboral o educativa de los usuarios que las usan.

El diseño responsive es una técnica que ayuda a mantener la visualización correcta de una misma página, respondiendo a la necesidad de que un sitio web determinado se adapte a los dispositivos actuales.

Esta técnica se caracteriza porque los layouts (contenidos) e imágenes son fluidos y porque usa el código media-queries de CSS3. Asimismo, permite redimensionar y colocar los elementos de la web de tal forma que se adapten al ancho de cada dispositivo, lo que permite que el usuario acceda a una mejor experiencia de uso; así como también permite reducir el tiempo de desarrollo y evita los contenidos duplicados, debido que los archivos se pueden compartir de una forma más rápida y fácil.

De esta forma, es posible proporcionar los mismos contenidos del sitio web a todos los usuarios y ofrecer una mejor experiencia de consulta y/o desarrollo, frente a otras aproximaciones al desarrollo web, en la creación de apps móviles, la variación de dominio o webs dinámicas en función de la terminal.

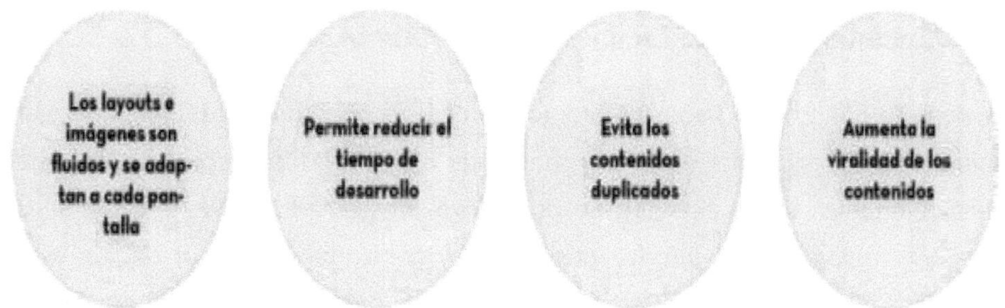

Figura 3. Características principales del Diseño Responsive.

Figura 4. Presentación del Diseño Responsive en un sitio Web.

2.5 Interacciones con JavaScript y jQuery

El sistema o sitio web necesita interactuar con los documentos HTML, manejar animaciones, programar eventos y manipular el DOM (Modelado de Objetos de un Documento), para este fin, se constituye JavaScript o jQuery, los cuales permiten mejoras en la interfaz de usuario y consigue una mejor página web dinámica. Al respecto, JavaScript es un lenguaje interpretado que se desarrolló para ser usado en los navegadores web. JQuery es una librería desarrollada y específica de código JavaScript que se utiliza para simplificar algunos procesos como la corrección de menús, el acoplamiento de imágenes, el desplazamiento de un documento u la manipulación de eventos (JavaScript, 2016).

2.6 Hypertext PreProcessor (PHP)

El Hypertext PreProcessor o PHP es un lenguaje de programación de propósito general adecuado para el desarrollo de sitios web. Si se utiliza un lenguaje de programación para servidores constituida como la programación back-end, permite tener el control sobre el contenido más dinámico del sitio web como el envío de correos electrónicos, control de visitas, o manipulación de datos (PHP, 2016). La comunicación en un sitio web se realiza en una dimensión clave, es decir, de forma directa, por lo que la creación de medios interactivos utilizando esta tecnología, permitiría que una institución educativa cuente con instrumentos orientados al conocimiento en una sola dirección y que faciliten la formación de los alumnos de forma dinámica.

2.7 WAMP Server

Wamp Server es una herramienta de uso libre para Windows, imprescindible para todo creador de sitios web. Ésta brinda un apoyo para desarrolladores frontend o backend, el cual permite crear aplicaciones con Apache, PHP y Base de Datos con MySQL. Al mismo tiempo, permite subir páginas HTML con CSS y JavaScript, haciendo posible un entorno de desarrollo necesario para administrar la configuración de servidor local, así como las pruebas de depuración de código escrito para mejorar el manejo, de tal manera que el navegador pueda interpretarlo.

Además, contiene un administrador de base de datos PHP MyAdmin con el que se puede crear nuevas bases de datos, consultarlas, generar script SQL, y la exportación o importación de bases de datos o tablas. El uso de esta tecnología en este proyecto consistirá en la evaluación de la evolución y continuidad del sitio, lo que permitirá ejecutarlo de manera local antes de subirlo a un hosting.

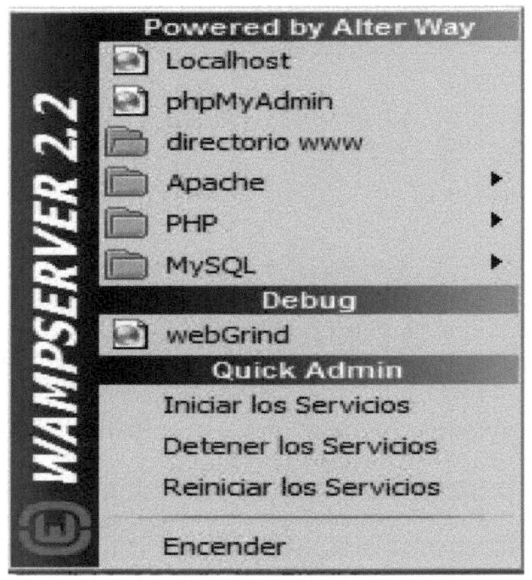

<table>
<tr><td>Figura 6. Logotipos de Servicios de Wamp Server.</td><td>Figura 7. Instalación del Wamp Server.</td></tr>
</table>

Capítulo 3. Metodología

3.1 Diseño del sitio web

Las páginas web están diseñadas para contener todo tipo de información, por lo cue se pueden construir elegantes presentaciones multimedia de todos los posibles contenidos. El programa de trabajo de este proyecto, como ya se mencionó anteriormente, contempla la creación de un sitio web con suficiente capacidad para visualizar datos básicos o información característica referente a los ecosistemas litorales de México, el cual pertenecerá al Departamento de Hidrobiología de la UAM Iztapalapa.

A continuación, de forma simplificada, se enuncian los pasos a seguir para la creación, funcionamiento y demostración de una página web escrita con HTML (WAMP, 2016):

- Ofrecen al usuario a posibilidad de accionar una URL, seleccionando un enlace de un documento o introduciéndola directamente en el navegador.

- Descodifican los campos de una URL.

- Se conectan con el servidor correspondiente, para recoger el contenico de la URL.

- Interpretan el hipertexto y lo muestran, adecuándose a las características y limitaciones del entorno en que se ejecuta el dispositivo.

- Recogen el resto de los componentes de una página Web, como: imágenes, sonidos, aplicaciones Java, animaciones flash, objetos insertados, etc.

- Tras la activación de un enlace, identifican la situación de la información requerida, y se repite el proceso anterior.

- Suelen disponer de utilerías, que reducen muchas operaciones como: copias temporales de las páginas visitadas recientemente, agendas de URLs, clientes de correo electrónico, etc.

Además, se plantea también el uso de la Arquitectura de la Información (AI) para mejorar los procesos de consulta y diseño de la aplicación. A continuación, se muestra una descripción de la metodología que define cuatro fases imprescindibles en el desarrollo de un sitio web:

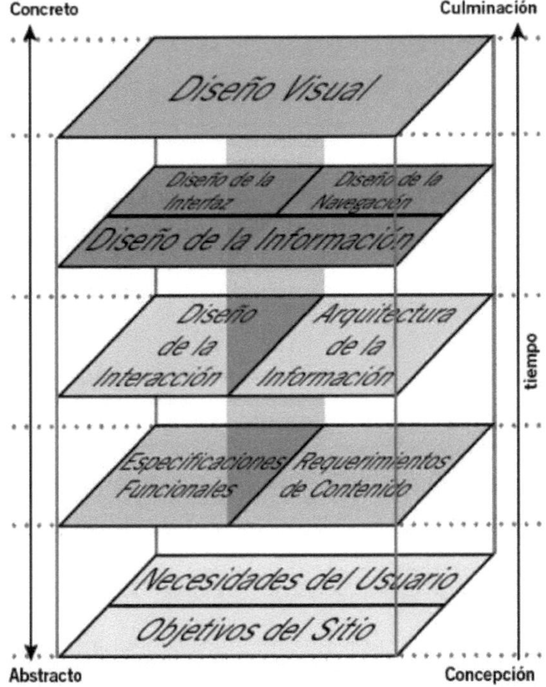

Figura 8. Esquema global de la Arquitectura de la Información (Garret, 2011).

3.2 Necesidades y requerimientos del sitio web

Debido al tipo del sitio web que se está proyectando, se van a desarrollar funcionalidades que describen de forma detallada los diferentes contenidos que se van a incluir en la biblioteca de consulta. Por lo anterior, se prevé la estructuración del sitio con los siguientes botones o apartados para mejorar la interacción con el usuario: Página principal, Objetivos del CDELM, Publicaciones Colaboraciones, Servicios, ¿Quiénes somos? y Contacto. En el apartado de servicios, se dispondrá de seis subcategorías: Galería, Base de datos, Contacto directo, Mapa del sitio, Proyectos y Administración web.

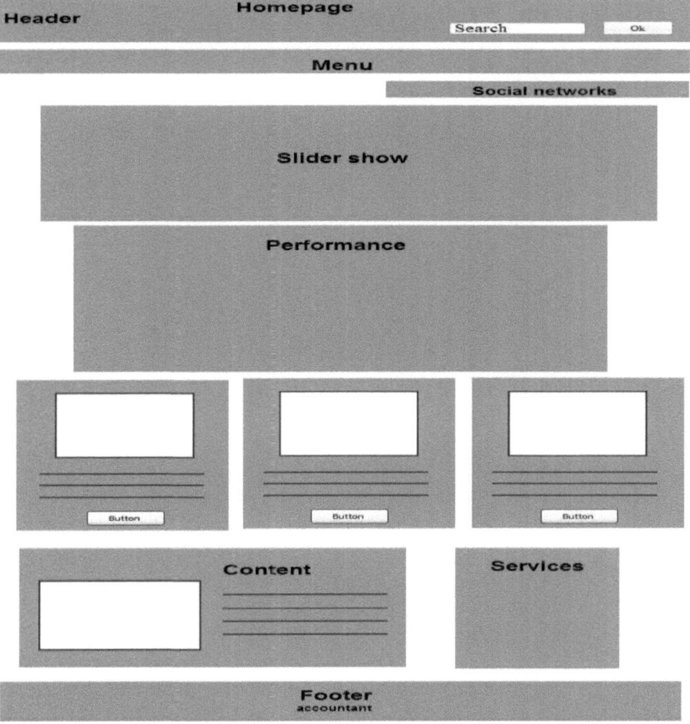

Figura 9. Boceto de la página principal del sitio web del CDELM, UAM Iztapalapa.

El diseño de la página principal del sitio web se mostrará de forma que el sistema sea fácilmente entendible para el usuario con la intención de que durante su construcción sea comprendido por el desarrollador a fin de evitar errores. Además, la interfaz principal estará diseñada para facilitar futuras correcciones en la página web, o bien, la creación de nuevo contenido o nuevas páginas que contengan el mismo tipo de información. Los servicios se contabilizarán para mantener el ordenamiento de la información durante la navegación en el sitio de consulta web.

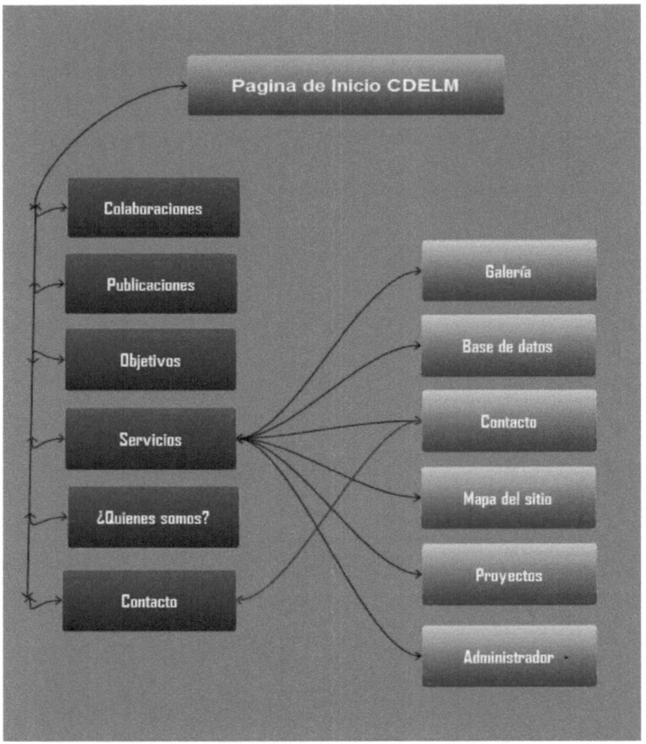

Figura 10. Mapa de Navegación según el diseño del sitio web previsto para este proyecto.

El diseño gráfico o visual de un sitio web debe reforzar las decisiones tomadas por la AI (Arquitectura de la Información) y clarificar la estructura, navegación y consulta del contenido. Los aspectos visuales de una página web no deben ser solo decorativos, sino que deben perseguir un objetivo como el de ofrecer un entorno intuitivo que transmita calidad, confianza y veracidad, así como ser un espacio en el cual el usuario se sienta cómodo. El diseño gráfico como síntoma emocional, tiene un papel muy importante con el usuario. Esta metodología se basa en lo desarrollado por Garret (2011), en la que la AI se basa en un lenguaje visual para los esquemas descriptivos de la arquitectura y los flujos de navegación, los cuales son un estándar para las tareas de prototipado.

Para conocer los sectores que utilizarían el sitio web del CDELM con base en diversos intereses de investigación o generación de conocimiento, se realizó una serie de encuestas acerca de la tecnología aplicada en recursos educativos como generadora de conocimiento, para identificar las necesidades del sitio web que contendrá la información referente a los ecosistemas litorales mexicanos y las necesidades de los usuarios al utilizarlo. La investigación de campo se aplicó en la UAM Iztapalapa con una muestra de 50 personas a las que se les preguntó lo siguiente (Tabla 3):

Tabla 3. Preguntas de las encuestas aplicadas en UAM Iztapalapa.

COMPOSICIÓN DE LAS ENCUESTAS
1. ¿Posees una computadora o un dispositivo móvil con internet?   2. ¿Utilizas con frecuencia el internet?   3. ¿Crees que existen diferencias entre un sitio web para computador y uno para dispositivos móviles?   4. ¿Consideras necesaria la implementación de un sitio web con informacón referente a los Ecosistemas L torales (Costeros) Mexicanos?   5. ¿Te gustaría acceder por medio de internet al Centro de Documentación de Ecosistemas Litorales Mexicanos (CDELM)?   6. Mediante la implementación del sitio, ¿consideras que los alumnos y docentes mejorarían la comunicación con el CDELM o los especialistas en Ecosistemas Costeros Mexicanos de la UAM Iztapalapa?   7. ¿Te gustaría descargar o visualizar online los documentos referentes a Ecosistemas Costeros Mexicanos?   8. ¿Qué aspecto consideras que debe tener un sitio web de consulta?   9. ¿Qué características de un sitio web te atraen más?

Capítulo 4. Resultados

4.1 Registro de encuestas

Con base en las respuestas obtenidas durante la aplicación de las encuestas, se obtuvieron los siguientes registros con los que se pudo identificar algunas necesidades o características particulares para mejorar la experiencia de navegación en el sitio web del CDELM:

1. ¿Posees una computadora o un dispositivo móvil con internet?

Variable	Muestra	Frecuencia	Porcentaje
Sí	50	45	90%
No	50	5	10%

2. ¿Utilizas con frecuencia el internet?

Variable	Muestra	Frecuencia	Porcentaje
Sí	50	46	92%
No	50	4	8%

3. ¿Crees que existen diferencias entre un sitio web para computador y uno para dispositivos móviles?

Variable	Muestra	Frecuencia	Porcentaje
Sí	50	30	60%
No	50	20	40%

4. ¿Consideras necesaria la implementación de un sitio web con información referente a los Ecosistemas Litorales (Costeros) Mexicanos?

Variable	Muestra	Frecuencia	Porcentaje
Sí	50	49	98%
No	50	1	2%

5. ¿Te gustaría acceder por medio de internet al Centro de Documentación de Ecosistemas Litorales Mexicanos (CDELM)?

Variable	Muestra	Frecuencia	Porcentaje
Sí	50	49	98%
No	50	1	2%

6. Mediante la implementación del sitio, ¿consideras que los alumnos y docentes mejorarían la comunicación con el CDELM o los especialistas en Ecosistemas Costeros Mexicanos de la UAM Iztapalapa?

Variable	Muestra	Frecuencia	Porcentaje
Sí	50	49	98%
No	50	2	2%

7. ¿Te gustaría descargar o visualizar online los documentos referentes a Ecosistemas Costeros Mexicanos?

Variable	Muestra	Frecuencia	Porcentaje
Sí	50	50	100%
No	50	0	0%

8. ¿Qué aspecto consideras que debe tener un sitio web de consulta?

Variable	Muestra	Frecuencia	Porcentaje
Galería de imágenes	50	18	36%

9. ¿Qué características de un sitio web te atraen más?

Variable	Muestra	Frecuencia	Porcentaje
Buscador especializado	50	18	36%
Navegación intuitiva	50	4	8%

	50	2	4%
Sin publicidad	50	2	4%
Microblogging o red social	50	8	16%

4.2 Archivos de la biblioteca de consulta

Con base en la recopilación de información, la cual será contenida en el sitio web que se desarrollará, se registraron los siguientes contenidos para ser incluidos:

De las 5203 referencias bibliográficas que han sido localizadas hasta la fecha, 2315 corresponden al Golfo de México (44.7%) y 2888 al Pacífico (55.3%). La distribución de la información encontrada para los 17 estados costeros, así como el porcentaje que representa cada entidad a nivel nacional, se puede revisar en la tabla 4.

Tabla 4. Referencias científicas que abordan algún aspecto de los Ecosistemas Costeros de la República Mexicana.

	Estado	**# de referencias**	**%**
1	Veracruz	1197	23.01
2	Baja California Sur	821	15.78
3	Baja California	711	13.67
4	Campeche	518	9.96
5	Sinaloa	439	8.44
6	Sonora	291	5.59
7	Tabasco	178	3.42
8	Guerrero	155	2.98
9	Quintana Roo	149	2.86
10	Yucatán	148	2.84
11	Oaxaca	136	2.61
12	Tamaulipas	125	2.40
13	Jalisco	122	2.34
14	Nayarit	96	1.85
15	Chiapas	66	1.27

16	Colima	44	0.85
17	Michoacán	7	0.13
	TOTAL	**5203**	**100**

Tabla 5. Archivos imágenes contabilizados por sección incluida en el sitio web del CDELM.

Archivos de imágenes	
Sección	Cantidad
Aves	223
Bentos	446
Ecosistemas	96
Fitoplancton	101
Peces	413
Vegetación	160
Zooplancton	122
Total	**1561**

4.3 Elaboración del sitio web

Como resultados del diseño, estructuración y construcción del sitio web de CDELM, se finalizó su elaboración considerando las necesidades de diseño y arquitectura. Se considera que con el sitio web puesto en marcha se ha beneficiado principalmente a la comunidad docente y del alumnado, especialmente la perteneciente al Departamento de Hidrobiología, pues ha funcionado recientemente como herramienta didáctica y de apoyo para los alumnos, así como representa un espacio tecnológico para las actividades de investigación en Ecosistemas Litorales Mexicanos.

También, fue posible reconocer que habrá mayor difusión del CDELM y sus actividades y contenidos, mediante una prueba piloto llevada a cabo por el desarrollador, debido a los contenidos del sitio web y su diseño. Se crearon las secciones propuestas anteriormente y estas mejoraron la distribución de la información y facilitaron el acceso a los archivos de la biblioteca de consulta. A continuación, se muestran algunos de los aspectos más importantes que resultaron de la elaboración del sitio web del CDELM:

Además, la importancia de este sitio radica, primordialmente, en la difusión de la información disponible sobre Ecosistemas Litorales Mexicanos, por lo que se incluye un mapa de distribución de los ecosistemas que se estudian en México y de los cuales hay referencias científicas incluidas en el sitio web del CDELM. Esta sección se puede utilizar en conjunto, es decir, a la vez que se emplea el sistema de búsqueda del sitio para poder encontrar algún dato referente a algún tema en específico.

De acuerdo con el análisis realizado, la necesidad que tiene el área del Centro de Documentación de Ecosistemas Costeros Litorales Mexicanos (o CDELM) es la de implementar un sitio web que contribuya al fortalecimiento de la comunicación y aprendizaje a la comunidad educativa, así como cumplir con las exigencias de la era actual en cuanto a la incorporación de nuevas tecnologías y dinámicas en esta área de investigación. De tal manera que, con la elaboración del sitio web, fue posible desarrollar las competencias del Área de Ecosistemas Costeros para comunicar la información actual y especializada a la comunidad estudiantil de la UAM Iztapalapa y de otras instituciones.

Las tecnologías empleadas para el desarrollo de este proyecto se implementaron manualmente, dejando de lado los Sistema CMS (Web Content Management System) para así optimizar y mejorar la eficacia y disminuir los tiempos de respuesta, depurando el código para obtener respuesta rápidamente.

Figura 20. Mapa de la base de datos para conocer la información disponible sobre ecosistemas costeros organizada por estado.

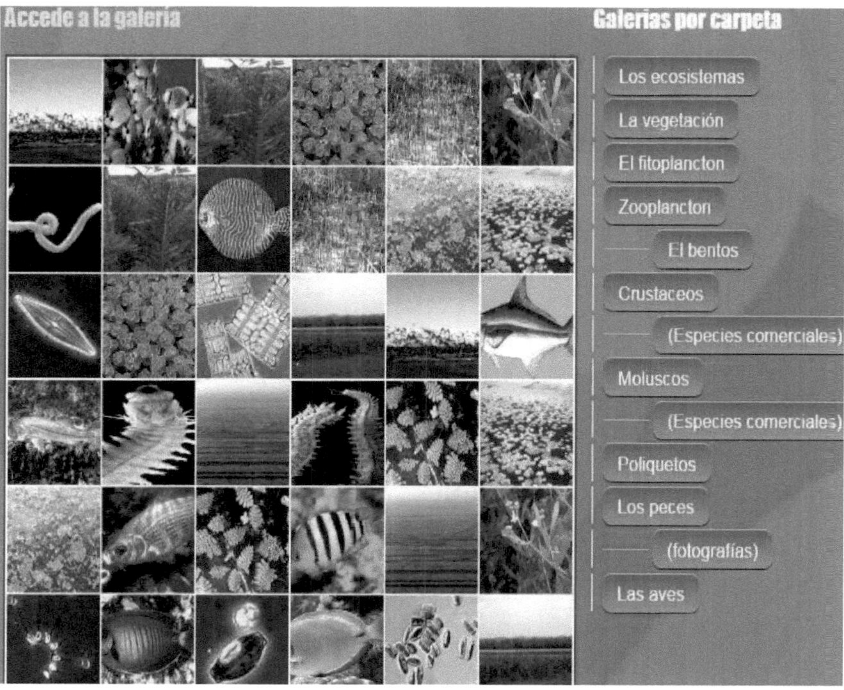

Figura 21. Galería de imágenes en las que se puede encontrar informacion sobre las espec es que habitan en los ecosistemas costeros.

Capítulo 5. Conclusiones

5.1 Conclusiones y recomendaciones

El Centro de Documentación de Ecosistemas Litorales Mexicanos (CDELM) de la Universidad Autónoma Metropolitana de Iztapalapa (UAMI) cuenta ahora con una herramienta tecnológica virtual que permitirá aplicar nuevas metodologías de enseñanza- aprendizaje, de tal manera que docentes y estudiantes pueden tener acceso a la información de una forma fácil y rápida desde cualquier dispositivo.

Asimismo, es de vital importancia que el sitio web se analice y actualice periódicamente para mantener a sus usuarios, mejorar el acceso a la información e incrementar las oportunidades de difusión del conocimiento específico en Ecosistemas Litorales Mexicanos. Por tanto, también se recomienda capacitar al personal que administra el Sitio Web para favorecer los procesos de actualización y mantener buen rendimiento y funcionamiento, así como capacitar a los docentes sobre el funcionamiento del Sitio Web y sus ventajas.

5.2 Competencias desarrolladas y/o aplicadas

Siguiendo un enfoque en ingeniería, se desarrolló un sitio web con altos estándares de calidad y control con técnicas eficientes que proporciona los resultados esperados, utilizando tecnología de vanguardia que es útil para resolver problemas en la ciencia y la educación. Se desarrollaron las habilidades de analizar, usar, diseñar e implementar las Tecnologías de la Información, entendiendo y resolviendo de forma innovadora, dinámica y creativa problemas de la institución, en este caso, la UAM Iztapalapa.

Aunque el diseño gráfico enfocado a la web representa un reto, fue posible elaborar el sitio web sin mayores dificultades. Asimismo, se identificaron acciones clave para el diseño y elaboración de sitios web, como entender las necesidades del cliente, determinar el público objetivo y establecer comunicación efectiva en todo momento hasta la prueba piloto y entrega del nuevo sitio.

Fuentes y referencias

Cabello-Orós, J. C. (2011). Diseño de páginas Web con XHTML, JavaScript y CSS (3ª ed.). Alfaomega, Ra-Ma.

Contreras-Espinosa, F. (2010). Ecosistemas Costeros Mexicanos: una actualización. UAM-Iztapalapa.

Díaz, P., Montero-Moreno, S., & Aedo, I. (2005). Ingeniería de web y patrones de diseño. Pearson Prentice Hall.

Garret, J. J. (2011). The elements of the user experience: user-centered design for the web and beyond (2ª ed.). New Riders Publishing.

IBM. (2015). Software IBM SPSS. https://www.ibm.com/mx-es/spss

JavaScript. (2016). Interacciones con JavaScript y jQuery. https://www.javascript.com/resources

Krick, E. V. (1972). Introducción a la Ingeniería y al Proyecto en la Ingeniería (1ª ed.). LIMUSA-WILEY S.A.

Pavón, J. (2011). Creación de un portal con PHP y MySQL (4ª ed.). Alfaomega.

Pérez-López, C. (2003). Administración de sitios y Páginas Web con Macromedia Dreamweaver MX (1ª ed.). Alfaomega.

PHP. (2016). Hypertext Preprocessor (PHP). http://php.net/manual/es/ntro-whatis.php

Roldán-Martínez, D., Valderas-Aranda, P. J., & Pastor-López, O. (2010). Aplicaciones Web: Un enfoque práctico (1ª. ed). RA-MA S.A. Editorial y Publicaciones.

Shulz, R. G. (2009). Diseño Web con CSS (1ª ed.). Alfaomega.

Soria, R. (1998). Navegar en internet HTML 4: Diseño y creación de páginas web (1ª ed.). RA-MA S.A. Editorial y Publicaciones.

Universidad Autónoma Metropolitana (UAM Iztapalapa). (2014). http://www.izt.uam.mx/

Villeta-Molineaux, J. (2000). Diseño de proyectos de ingeniería (1ª ed.). Instituto Tecnológico de Santo Domingo.

w3schools. (2016). Decoración con hojas de estilo CSS3. https://www.w3schools.com/css/

w3schools. (2016). HTML5 HyperText Markup Language 5. https://www.w3schools.com/html/

WAMP. (2016). Wamp Server. http://www.wampserver.com/en/

Anexos

Anexo A. Motor de búsqueda y contador de usuarios

Para este proyecto se creó una cuenta de Gmail y se realizó el registro en https://cse.google.es/cse/ para obtener el script que se inserta en la página web. En el contador se utilizó PHP para llevar el control de usuarios en cada sección del sitio con un archivo de texto con extensión txt. y el código.

Figura 1. Motor de búsqueda especializado.

```html
<script>
  (function() {
    var cx = '010974444259289757554:-sggw2h8ixq';
    var gcse = document.createElement('script');
    gcse.type = 'text/javascript';
    gcse.async = true;
    gcse.src = (document.location.protocol == 'https:' ? 'https:' : 'http:')
        '//cse.google.com/cse.js?cx=' + cx;
    var s = document.getElementsByTagName('script')[0];
    s.parentNode.insertBefore(gcse, s);
  })();
</script>
```

Figura 2. Código script del buscador.

```php
<?php
$maestro = fopen('container/contadorpri.rem','r+');//abrimos el archivo q cuenta los votos
$leer = fgets($maestro,20); //lo leemos
rewind($maestro);//ponemos el puntero al inicio del archivo
fputs($maestro,++$leer); //escribimos la línea leída mientras le aumentamos en uno
fclose($maestro);//cerramos el archivo
echo "CONTADOR ::: ", $leer, " :::";//imprimimos en pantalla la
?>
```

Figura 3. Código PHP para contador de visitas.

Anexo B. Desarrollo de interfaz

B. 1 Implementación de texto web

Para la página principal se usaron las etiquetas de código html5 y para el texto se guardó el archivo con extensión HTML para su visualización en un navegador web.

- Código html para el desarrollo web

```html
<!DOCTYPE html>
<html lang="es">
<head>
  <!-- Basic Page Needs
 ================================================== -->
        <meta charset="utf-8">
        <title>Centro de Documentación "Ecosistemas Litorales Mexicanos"</title>
  <!-- Mobile Specific Metas
 ================================================== -->
        <meta name="viewport" content="width=device-width, initial-scale=1, maximum-scale=1">
  <!-- CSS
 ================================================== -->
        <link rel="stylesheet" href="css/zerogrid.css">
        <link rel="stylesheet" href="css/style.css">
   <link rel="stylesheet" href="css/responsive.css">
        <link rel="stylesheet" href="css/responsiveslides.css" />
        <link href='./images/uam.ico' rel='icon' type='image/x-icon'/>
        <script src="js/jquery.min.js"></script>
        <script src="js/responsiveslides.js"></script>
        <script>
                $(function () {
                  $("#slider").responsiveSlides({
                        auto: true,
                        pager: false,
                        nav: true,
                        speed: 500,
                        maxwidth: 962,
                        namespace: "centered-btns"
                  });
                });
```

```html
        </script>
</head>
<body>
<!-- -----------Header------------- -->
<header>
<div class="wrap-header zerogrid">
<div id="logo"><a href="index2.php"><img src="./images/logo_cdelm2.png"/></a></div>
<div          id="logo2"><a          href="http://www.iztapalapa.uam.mx/"          target="_black"><img
src="./images/logouamiorg.jpg"/></a></div>
                <div id="search">
<script>
  (function() {
   var cx = '010974444259289757554:-sggw2h8ixq';
   var gcse = document.createElement('script');
   gcse.type = 'text/javascript';
   gcse.async = true;
   gcse.src = (document.location.protocol == 'https:' ? 'https:' : 'http:') +
     '//cse.google.com/cse.js?cx=' + cx;
   var s = document.getElementsByTagName('script')[0];
   s.parentNode.insertBefore(gcse, s);
 })();
</script>
<gcse:searchbox-only></gcse:searchbox-only>

                </div>
        </div>
</header>
<nav>
        <div class="wrap-nav zerogrid">
                <div class="menu">
                        <ul>
```

```html
            </div>
        </div>
</header>
<nav>
        <div class="wrap-nav zerogrid">
                <div class="menu">
                        <ul>
                                <li class="first current"><a href="index2.php">CDELM</a></li>
                                <li><a href="objetivos.php">Objetivos</a></li>
                                <li><a href="blog.php">Publicaciones</a></li>
                                <li><a href="colaboraciones.php">Colaboraciones</a></li>
                                <li><a href="services.php">Servicios</a></li>
                                <li><a href="single.php">¿Quienes somos?</a></li>
                                <li class="last"><a href="contact.php">Contacto</a></li>
                        </ul>
                </div>
                <div class="minimenu"><div>MENU</div>
                        <select onchange="location=this.value">
                                <option></option>
                                <option value="index2.php">CDELM</option>
                            <option value="objetivos.php">Objetivos</option>
                                <option value="blog.php">Publicaciones</option>
                                <option value="colaboraciones.php">Colaboraciones</option>
                                <option value="services.php">Servicios</option>
                                <option value="single.php">¿Quienes Somos?</option>
```

```html
                              <option value="contact.php">Contacto</option>
                        </select>
                  </div>
            </div>
</nav>
<div class="featured">
        <div class="wrap-featured zerogrid">
                <div class="slider">
                        <div class="rslides_container">
                                <ul class="rslides" id="slider">
                                        <li><img src="images/slider/slider1.png"/></li>
                                        <li><img src="images/slider/slider2.png"/></li>
                                        <li><img src="images/slider/slider3.png"/></li>
                                        <li><img src="images/slider/slider4.png"/></li>
                                </ul>
                        </div>
                </div>
        </div>
</div>
<!-- -----------Content------------ -->
<section id="content">
        <div class="wrap-content zerogrid">
                <div class="row block01">
                        <div class="col-full">
                                <div class="wrap-col">
                                        <h2>¡ Bienvenido a CDELM !</h2>
```

<p>El Centro de Documentación Ecosistemas Litorales Mexicanos (CDELM) presenta bibliografía compilada por el grupo de trabajo del laboratorio de Ecosistemas Costeros en el Departamento de Hidrobiología de la Universidad Autónoma Metropolitana-Iztapalapa. Es el más extenso acervo de información científica sobre ecosistemas costeros como son: lagunas costeras, estuarios, pantanos, bahías y ensenadas.</p>

<p>El CDELM está constituido por un acervo informativo de aproximadamente 6,200 referencias bibliográficas (con resumen anexo), incluidos todos los temas científicos publicados acerca de estos ecosistemas. Un requisito indispensable de la información capturada, es la de haber sido avalada en forma académica. Por esta razón, el banco de datos está conformado: por artículos científicos, tesis de los diferentes grados, así como presentaciones en congresos, reuniones y simposio de carácter científico, a nivel nacional e internacional; en cambio, están excluidos los reportes técnicos y documentos afines.</p>

```
            </div>
        </div>
    </div>
    <div class="row block02">
        <div class="col-1-3">
            <div class="wrap-col box1">
                <div class="redondo">
                <img src="images/galeria.png" />
                </div>
                <h2>Galeria</h2>
                <br>



                <a class="button" href="galeria_i.php">Accede</a>
            </div>
        </div>
        <div class="col-1-3">
            <div class="wrap-col box2">
                <div class="redondo">
                <img src="images/db.png" />
                </div>
                <h2>Base de Datos</h2>
<!--<p>Bienvenidos a la BD de los ecosistemas costeros mexicanos ! .............. .............. ..............
.............. .............. .............. .............. .............. .............. .............. .............. patrocinado por el CDELM
</p> -->
                <br>
                <a class="button"  href="bd.php">Accede</a>
            </div>
        </div>
        <div class="col-1-3">
            <div class="wrap-col box3">
                <div class="redondo">
                <img src="images/contacto.png" />
                </div>
                <h2>Contacto</h2>
<!--    <p>Aquí se puede ubicar el sitio de la Universidad, cómo ponerse en comunicación con los
administradores y más... </p> -->
```


<a class="button" href="contact.php">Accede</a>
</div>
</div>
</div>
<div class="row block03">
<div class="col-2-3">
<div class="wrap-col">
<h2><a href="index2.php">Proyecto CDELM</a></h2>
<img src="images/about.jpg" />
<p>El CDELM es un proyecto de la <a href="http://cbs.izt.uam.mx/index.php?lang=es-ES" target="_blank"> División de Ciencias Biológicas y de la Salud</a> de la <a href="http://www.iztapalapa.uam.mx/" target="_blank">Universidad Autónoma Metropolitana - Iztapalapa. </a> La información del CDELM se somete a constante actualización. Favor de citar y dar crédito a los autores del sitio, los compiladores y a los autores de los documentos contenidos en la base de datos.</p>
</div>
</div>
<div class="col-1-3">
<div class="wrap-col">
<h2>Servicios</h2>
<ul>
<li><a href="galeria_i.php">Galeria</a></li>
<li><a href="bd.php">Base de datos</a></li>
<li><a href="contact.php">Contacto</a></li>

```html
                              </ul>
                          </div>
                    </div>
              </div>
              <div class="row block04">
                      <div class="col-full">
                            <div class="wrap-col">
                                <h2>-</h2>
                                <div class="partners">
                                          <a  href="http://cbs.izt.uam.mx/index.php?lang=es-ES"
target="_blank" ><img  src="images/casadcbs.jpg" /></a>
                                          <a                 href="http://www.iztapalapa.uam.mx/"
target="_blank" ><img  src="images/casauam.jpg" /></a>

                                </div>
                          </div>
                    </div>
              </div>
        </div>
</section>
<!-- -----------Footer------------- -->
<footer>
        <div class="wrap-footer">
              <div class="copyright">
              <p></p>
```

```html
<p>El <a href="index2.php" target="">CDELM</a> es un proyecto de la <a
href="http://www.iztapalapa.uam.mx/" target="_blank">División de Ciencias Biológicas y de la
Salud</a> de la <a href="http://www.iztapalapa.uam.mx/" target="_blank">Universidad Autónoma
Metropolitana - Iztapalapa.</a> </p>
    <p>La información del CDELM se somete a constante actualización. Favor de citar y dar crédito
a los autores del sitio, los compiladores </p>
    <p>a los autores de los documentos contenidos en la base de datos. Copyright © 2016 UAM-I
</p>
                    <?php
                    $maestro = fopen('container/contadorpri.rem','r+');//abrimos el archivo q cuenta
los votos

                    $leer = fgets($maestro,20);//lo leemos
                    rewind($maestro);//ponemos el puntero al inicio del archivo
                    fputs($maestro,++$leer); //escribimos la línea leída mientras le
                aumentamos en uno
                    fclose($maestro);//cerramos el archivo
                    echo "CONTADOR ::: ", $leer, " ::: ";//imprimimos en pantalla la
                    ?>
            </div>
        </div>
</footer>
</body></html>
```

- ## Resultado previo en el navegador después de insertar el código

B.2 Implementación de hojas de estilo

- Código de hojas de estilo

```css
/* ------------------Reset-------------------- */
a,abbr,acronym,address,applet,article,aside,audio,b,blockquote,big,body,center,canvas,caption,cite,co
de,command,datalist,dd,del,details,dfn,dl,div,dt,em,embed,fieldset,figcaption,figure,font,footer,form,h1
h2,h3,h4,h5,h6,header,hgroup,html,i,iframe,img,ins,kbd,keygen,label,legend,li,meter,nav,object,ol,outp
ut,p,pre,progress,q,s,samp,section,small,span,source,strike,strong,sub,sup,table,tbody,tfoot,thead,th,tr
,tdvideo,tt,u,ul,var{background:transparent;border:0                                        none;font-
size:100%;margin:0;padding:0;border:0;outline:0;vertical-align:top;}ol, ul {list-style:none;}blockquote, q
{quotes:none;}table,     table    td    {padding:0;border:none;border-collapse:collapse;}img    {vertica-
align:top;}embed {vertical-align:top;}
article, aside, audio, canvas, command, datalist, details, embed, figcaption, figure, footer, header,
hgroup, keygen, meter, nav, output, progress, section, source, video {display:block;}
mark, rp, rt, ruby, summary, time {display:inline;}
input, textarea {border:0; padding:0; margin:0; outline: 0;}
iframe {border:0; margin:0; padding:0;}
input, textarea, select {margin:0; padding:0px;}

/* ------------------Font---------------------- */
/* ------------------Style-------------------- */
html, body {width:100%; padding:0; margin 0;}
```

```css
/*  body  {background:  #345A34  url("../images/agua961.jpg");color:  #949494;font:  14px/25px  Arial,
Helvetica, sans-serif;}*/
body {
   background: #345A34 url("../images/fondohecho.png") no-repeat fixed center  ;
   -webkit-background-size: cover;
   -moz-background-size: cover;
   -o-background-size: cover;
   background-size: cover;
   color: #FFFFFF;font: 14px/25px Arial, Helvetica, sans-serif;
}
a{color: #CDD6D7;text-decoration: none;}
a:hover {color: #4AA9C3; text-decoration: none;}
/* ++++++++++++++++++++++++++++++ */
.clear{content: "\0020"; display: block; height: 0; clear: both; visibility: hidden; }
/* -----------------Header-------------------- */
header {}
header .wrap-header{height: 130px;}
header #logo {position:absolute; top:30px; width: 100%;}
header #logo2 {position:absolute; top:30px; left:350px; width: 100%;}
header #search {position: absolute;top: 80px; right:0px; width: 218px;z-index: 15;}
/* header .button-search {       position: absolute;       right: 0px;       background:
url('../images/button-search.png') center center no-repeat;       width:   28px;   height:   35px;cursor:
pointer;} */
```

```css
/* header #search input{background: #FFF;        padding: 1px 33px 1px 5px;        width: 182px;    height:
32px;   border: 1px solid #CCCCCC;    -webkit-border-radius: 3px;        -moz-border-radius:    3px;    -
khtml-border-radius: 3px;         border-radius: 3px;}
*/
/* ------------------------------------------- */
/* -----------------Navigation--------------- */
nav {margin-top:20px;}
nav .wrap-nav{height: 58px;background:url("../images/nav.jpg"); border:3px solid #555555;}


.menu ul {list-style: none;margin: 0;padding: 0;}
.menu  ul li{position: relative;float: left;padding: 17px 10px 10px 10px; border-right:1px solid #53b2c3;
border-left:1px solid #82ceda; background:url("../images/nav-transp.png"); }
.menu ul li.first{border-left:none !important}
.menu ul li.last{border-right:none !important}
.menu  ul li:hover, .menu .current {background:url("../images/nav-current.jpg"); border-right:#000000
1px solid; border-left:#000000 1px solid;}
.menu  ul li a {font-size: 18px; line-height:14px;color:#ffffff;display: block;padding: 6px 10px;margin-
bottom: 5px;z-index: 6;position: relative; font-family: Impact,Charcoal,sans-serif; font-weight: normal;}
.menu  ul li:hover a {}
```

```css
.minimenu{display:none;}
.minimenu{position: relative;margin: 0px;background:#333333; border: 1px solid #CCC;}
.minimenu div{overflow: hidden;position: relative;font: 18px/40px 'PT Sans Narrow';color: #ffffff;text-align:center;text-transform:uppercase;font-weight:bold;}
.minimenu select{position: absolute;top: 0px;left: 0px;width: 100%;height: 100%; opacity: 0;filter: progid:DXImageTransform.Microsoft.Alpha(opacity=0); cursor: pointer;}

.share{ float: right;}
.share ul{list-style: none;margin: 0;padding: 0;}
.share ul li{position:relative; float:left; padding-right:5px;}
/* ------------------Navigation--------------- */

.featured{margin:30px auto;}
.featured .wrap-featured{background:#333;}
.featured .wrap-featured .slider{}
/* ------------------Content------------------- */
#content {}
#content .wrap-content{}

.block01 {margin:20px 10px; padding:30px; border-bottom:1px dashed #CCC; border-top:1px dashed #CCC;}
.block01    h2{text-align:center;    font-size:30px;    line-height:35px;    color:#ffffff;    font-family: Impact,Charcoal,sans-serif; font-weight: normal;}
.block01 p{font-size:20px; text-align:center; line-height:25px;}
.block01 a{color:#5FBCCD;}

.block02 {margin:20px 10px; text-align:center;}
.block02 h2{font-size:24px; line-height:30px; color:#ffffff; font-family: Impact,Charcoal,sans-serif; font-weight: normal;}
```

```css
.block02 p{font-size:16px; margin: 20px 0px; }
.block02 a{font-size: 24px;  color: #ffffff; font-family: Impact,Charcoal,sans-serif; font-weight: normal;}
.block02 .box1{background: #4AA9C3; color: #B7DDE8; padding: 30px; border: 3px solid #555555;}
.block02 .box1 a:hover{color:#B7DDE8;}
.block02 .box2{background: #C0504D; color: #E5B9B8; padding: 30px; border: 3px solid #555555;}
.block02 .box2 a:hover{color:#E5B9B8;}
.block02 .box3{background: #9BBB59; color: #D6E3BC; padding: 30px; border: 3px solid #555555;}
.block02 .box3 a:hover{color:#D6E3BC;}

.block03 {margin:20px 10px;}
.block03 h2{font-size:24px; line-height:30px; color: #ffffff; margin-bottom: 20px; font-family: Impact,Charcoal,sans-serif; font-weight: normal;}
.block03 img{float:left; margin:0px 10px 10px 0px; border: 3px solid #555555;}
.block03 ul{list-style-type:none;}
.block03 ul li{border-left: 3px solid #E1E1E1; padding:5px; margin-bottom: 5px; padding-left: 10px;}
.block03 ul li:hover{border-left: 3px solid #4AA9C3;}

.block04 {margin:20px 10px;}
.block04 h2{font-size:24px; line-height:30px; color: #ffffff; margin-bottom: 20px; font-family: Impact,Charcoal,sans-serif; font-weight: normal;}
.block04 .partners a{display: block; float:left; margin: 0px 28px 10px 0px; position: relative;}
.block04 .partners a img{display:block; border:3px solid #555555;}
```

```css
.block{ margin:10px;}

#main-content{}
#main-content article{clear: both;}
#main-content article .heading{}
#main-content article .content{}
#main-content article a{color: #ffffff;}
#main-content article h2{font-size:20px; line-height:30px; color: #ffffff; margin-bottom: 20px; font-family:
Impact,Charcoal,sans-serif; font-weight: normal;}
#main-content article img{ float:left; margin:0px 10px 10px 0px; border: 3px solid #555555;}
#main-content article p{margin-bottom:10px;}
#main-content article .more{float: right; margin-bottom: 30px;}
#main-content article a.comments{cursor: pointer;color: #ffffff; display: inline-block; padding: 6px 12px
6px 12px; font-size: 18px; font-family: Impact,Charcoal,sans-serif; font-weight: normal;}

#sidebar{}
#sidebar .box{margin-bottom:20px;}
#sidebar .heading{}
#sidebar .heading h2{font-size:24px; line-height:30px; color: #ffffff; margin-bottom: 20px; font-family:
Impact,Charcoal,sans-serif; font-weight: normal;}
/* #sidebar .heading h2{font-size:24px; line-height:30px; color: #ffffff; margin-bottom: 20px; font-family:
Impact,Charcoal,sans-serif; font-weight: normal; text-transform: uppercase ;} */
#sidebar .content{padding:15px}
#sidebar .content img{float:left; margin:0px 10px 10px 0px; border: 3px solid #555555;}
#sidebar .content ul{list-style-type:none;}
```

```css
.block{ margin:10px;}

#main-content{}
#main-content article{clear: both;}
#main-content article .heading{}
#main-content article .content{}
#main-content article a{color: #ffffff;}
#main-content article h2{font-size:20px; line-height:30px; color: #ffffff; margin-bottom: 20px; font-family:
Impact,Charcoal,sans-serif; font-weight: normal;}
#main-content article img{ float:left; margin:0px 10px 10px 0px; border: 3px solid #555555;}
#main-content article p{margin-bottom:10px;}
#main-content article .more{float: right; margin-bottom: 30px;}
#main-content article a.comments{cursor: pointer;color: #ffffff; display: inline-block; padding: 6px 12px
6px 12px; font-size: 18px; font-family: Impact,Charcoal,sans-serif; font-weight: normal;}

#sidebar{}
#sidebar .box{margin-bottom:20px;}
#sidebar .heading{}
#sidebar .heading h2{font-size:24px; line-height:30px; color: #ffffff; margin-bottom: 20px; font-family:
Impact,Charcoal,sans-serif; font-weight: normal;}
/* #sidebar .heading h2{font-size:24px; line-height:30px; color: #ffffff; margin-bottom: 20px; font-family:
Impact,Charcoal,sans-serif; font-weight: normal; text-transform: uppercase ;} */
#sidebar .content{padding:15px}
#sidebar .content img{float:left; margin:0px 10px 10px 0px; border: 3px solid #555555;}
#sidebar .content ul{list-style-type:none;}
```

```css
.block{ margin:10px;}

#main-content{}
#main-content article{clear: both;}
#main-content article .heading{}
#main-content article .content{}
#main-content article a{color: #ffffff;}
#main-content article h2{font-size:20px; line-height:30px; color: #ffffff; margin-bottom: 20px; font-family:
Impact,Charcoal,sans-serif; font-weight: normal;}
#main-content article img{ float:left; margin:0px 10px 10px 0px; border: 3px solid #555555;}
#main-content article p{margin-bottom:10px;}
#main-content article .more{float: right; margin-bottom: 30px;}
#main-content article a.comments{cursor: pointer;color: #ffffff; display: inline-block; padding: 6px 12px
6px 12px; font-size: 18px; font-family: Impact,Charcoal,sans-serif; font-weight: normal;}

#sidebar{}
#sidebar .box{margin-bottom:20px;}
#sidebar .heading{}
#sidebar .heading h2{font-size:24px; line-height:30px; color: #ffffff; margin-bottom: 20px; font-family:
Impact,Charcoal,sans-serif; font-weight: normal;}
/* #sidebar .heading h2{font-size:24px; line-height:30px; color: #ffffff; margin-bottom: 20px; font-family:
Impact,Charcoal,sans-serif; font-weight: normal; text-transform: uppercase ;} */
#sidebar .content{padding:15px}
#sidebar .content img{float:left; margin:0px 10px 10px 0px; border: 3px solid #555555;}
#sidebar .content ul{list-style-type:none;}
```

```css
.block{ margin:10px;}

#main-content{}
#main-content article{clear: both;}
#main-content article .heading{}
#main-content article .content{}
#main-content article a{color: #ffffff;}
#main-content article h2{font-size:20px; line-height:30px; color: #ffffff; margin-bottom: 20px; font-family:
Impact,Charcoal,sans-serif; font-weight: normal;}
#main-content article img{ float:left; margin:0px 10px 10px 0px; border: 3px solid #555555;}
#main-content article p{margin-bottom:10px;}
#main-content article .more{float: right; margin-bottom: 30px;}
#main-content article a.comments{cursor: pointer;color: #ffffff; display: inline-block; padding: 6px 12px
6px 12px; font-size: 18px; font-family: Impact,Charcoal,sans-serif; font-weight: normal;}

#sidebar{}
#sidebar .box{margin-bottom:20px;}
#sidebar .heading{}
#sidebar .heading h2{font-size:24px; line-height:30px; color: #ffffff; margin-bottom: 20px; font-family:
Impact,Charcoal,sans-serif; font-weight: normal;}
/* #sidebar .heading h2{font-size:24px; line-height:30px; color: #ffffff; margin-bottom: 20px; font-family:
Impact,Charcoal,sans-serif; font-weight: normal; text-transform: uppercase ;} */
#sidebar .content{padding:15px}
#sidebar .content img{float:left; margin:0px 10px 10px 0px; border: 3px solid #555555;}
#sidebar .content ul{list-style-type:none;}
```

```css
#sidebar .content ul li{border-left: 3px solid #E1E1E1; margin-bottom: 5px; padding-left: 10px ; margin-left: 5px;}
#sidebar .content ul li:hover{border-left: 3px solid #4AA9C3;}
#sidebar .content .post { margin-bottom: 20px;}
#sidebar .content .post h4{ font-size:14px; font-weight:normal;}
#sidebar .content .post img{ float:left; border: 3px solid #555555; margin-right:10px;}
#sidebar .content .post p{color:#A3A3A3; font-style:italic;}
/* -------------------------------------------- */
/* -----------------Footer-------------------- */
footer {background-color:#333;}
.wrap-footer{}
.copyright{text-align:center; background:#333333; padding:10px 0px;color:#ffffff; }
.copyright a{text-decoration:underline; color:#ffffff; }


/* -------------------------------------------- */
/* -----------------Components-------------------- */
.photos{}
.photos:after{content: "\0020"; display: block; height: 0; clear: both; visibility: hidden; }
.photos a{display: block; float:left; margin: 0px 4px 10px 4px;position: relative;}
.photos a img{display:block; border:1px solid #CCC;}

#pagi{margin: 50px auto; padding: 30px 0px;list-style: none;width: 250px;}
#pagi li {float: left;margin-right: 10px;}
#pagi li a {display: block;        text-decoration: none; color: #717171;font: bold 16px Arial, sans-serif;padding: 10px 13px; background: #ffffff;}
#pagi li a.current, #pagi li a:hover {color: #ffffff;  background: #4AA9C3;}
```

```css
.comment{font-weight:bold; margin:50px 0px; width: auto;}
.comment div{margin-bottom: 20px; vertical-align:middle; }
.comment input{border: 2px solid #999999;padding: 8px 10px;width:250px;}
.comment textarea{border: 2px solid #999999;padding: 8px 10px;width:95%;}
.comment input[type="submit"] {cursor: pointer; width:100px; float:right;
        background: -webkit-linear-gradient(top, #efefef, #ddd);background: -moz-linear-gradient(top, #efefef, #ddd);
        background: -ms-linear-gradient(top, #efefef, #ddd);background: -o-linear-gradient(top, #efefef, #ddd);
        background: linear-gradient(top, #efefef, #ddd);
        color: #333;text-shadow: 0px 1px 1px rgba(255,255,255,1);        border: 2px solid #999999;}
.comment input[type="submit"]:hover {
        background: -webkit-linear-gradient(top, #eee, #ccc);    background: -moz-linear-gradient(top, #eee, #ccc);
        background: -ms-linear-gradient(top, #eee, #ccc);        background: -o-linear-gradient(top, #eee, #ccc);
        background: linear-gradient(top, #eee, #ccc);    border: 2px solid #bbb;}
.comment input[type="submit"]:active {
        background: -webkit-linear-gradient(top, #ddd, #aaa);    background: -moz-linear-gradient(top, #ddd, #aaa);
        background: -ms-linear-gradient(top, #ddd, #aaa);        background: -o-linear-gradient(top, #ddd, #aaa);
```

```css
        background: linear-gradient(top, #ddd, #aaa);    border: 2px solid #999;}

/*  +++++++++++++++++++++++++++++++++++++++++++++++++++++++++++++++  BOTONES  NUEVOS
+++++++++++++++++++++++++++++++++++ */
a.button {
  border-top: 1px solid #96d1f8;
  background: #65a9d7;
  background: -webkit-gradient(linear, left top, left bottom, from(#3e779d), to(#65a9d7));
  background: -webkit-linear-gradient(top, #3e779d, #65a9d7);
  background: -moz-linear-gradient(top, #3e779d, #65a9d7);
  background: -ms-linear-gradient(top, #3e779d, #65a9d7);
  background: -o-linear-gradient(top, #3e779d, #65a9d7);
  padding: 8px 16px;
  -webkit-border-radius: 9px;
  -moz-border-radius: 9px;
  border-radius: 9px;
  -webkit-box-shadow: rgba(0,0,0,1) 0 1px 0;
  -moz-box-shadow: rgba(0,0,0,1) 0 1px 0;
  box-shadow: rgba(0,0,0,1) 0 1px 0;
  text-shadow: rgba(0,0,0,.4) 0 1px 0;
  color: white;
  font-size: 18px;
  font-family: 'Lucida Grande', Helvetica, Arial, Sans-Serif;
  text-decoration: none;
  vertical-align: middle;
  }
a.button:hover {
  border-top-color: #28597a;
  background: #28597a;
  color: #ccc;
  }

a.button:active {
  border-top-color: #1b435e;
  background: #1b435e;
  }
/* ---------------------------- Imágenes redondeando ---------------------------- */
.redondo img {
border: 2px solid grey;
margin: 0;
padding: 0;
border-radius: 800px;
overflow: hidden;
}
```

Anexo C. Instalación de WAMP

El proceso está compuesto de 11 sencillos pasos:

1. Descarga del archivo de instalación desde la web http://www.wampserver.es/. Windows en automático instala la versión 5.4.3 de PHP, 2.2.22 de Apache y 5.5.24 de MySQL.

2. Inicio del proceso de instalación.

3. Pulsar el botón "Next" para desplegar la licencia de WAMP Server.

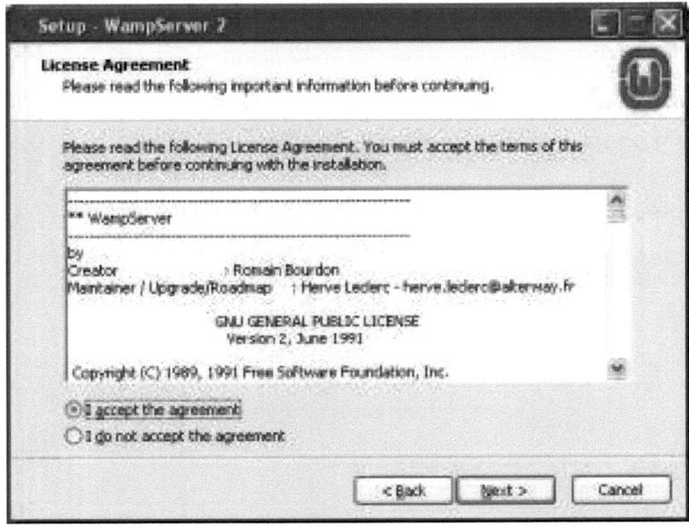

4. Selección del directcrio para instalación del servidor.

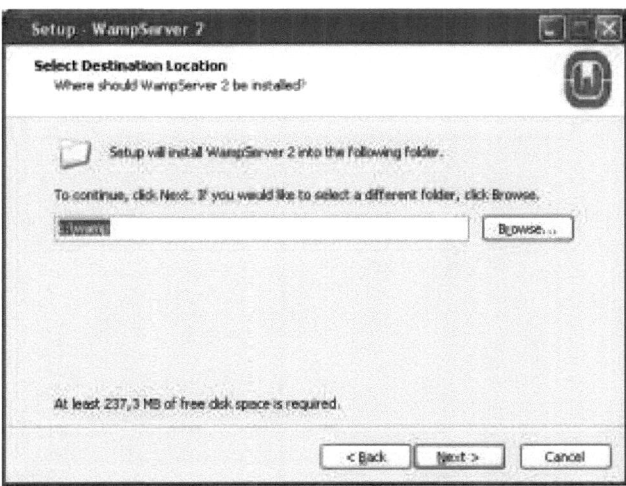

5. Creación de iconos por defecto "Create a Quick Launch icon".

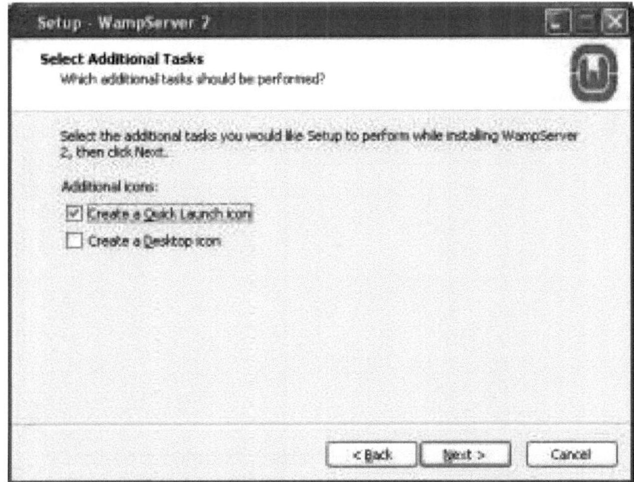

6. Resumen de instalación.

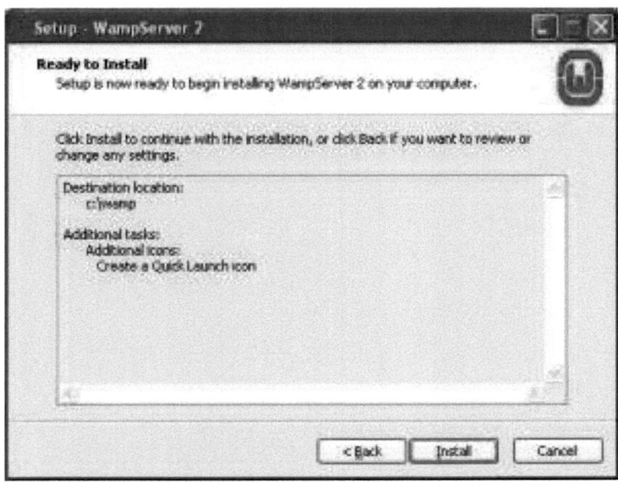

7. Instalación del servidor WAMP Server.

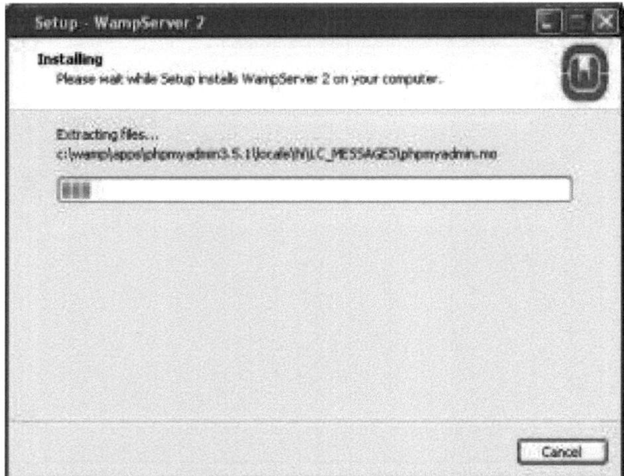

8. Búsqueda del directorio donde se instaló el servidor.

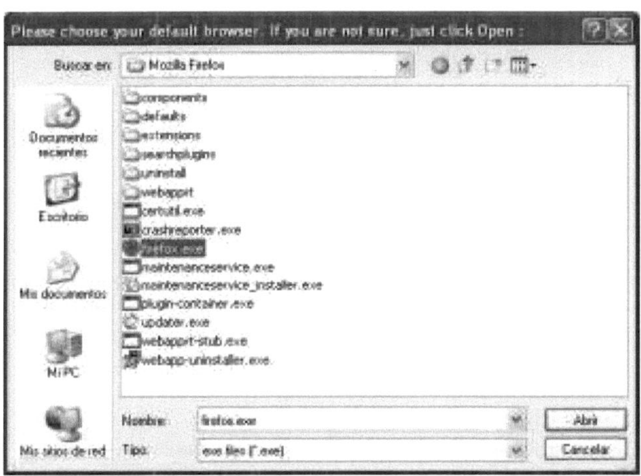

9. Conceder permisos para Apache y desbloquearlo. Configuración de los parámetros SMTP escribiendo "localhost" y un correo electrónico.

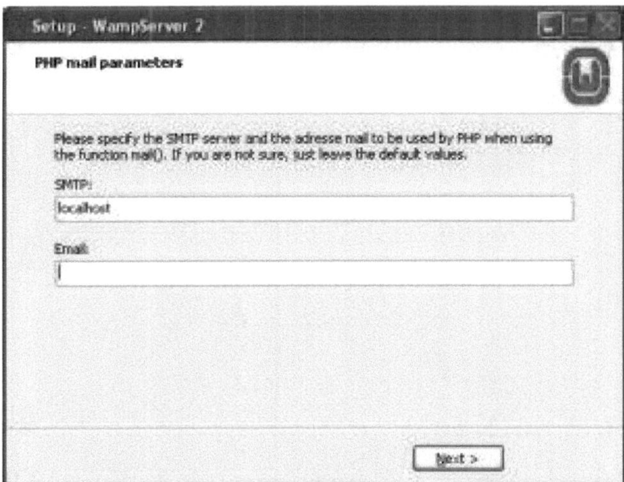

10. Finalizar instalación de WAMP Server. Se presiona "Launch WampServer 2 now" si se desea que se ejecute luego de la instalación.

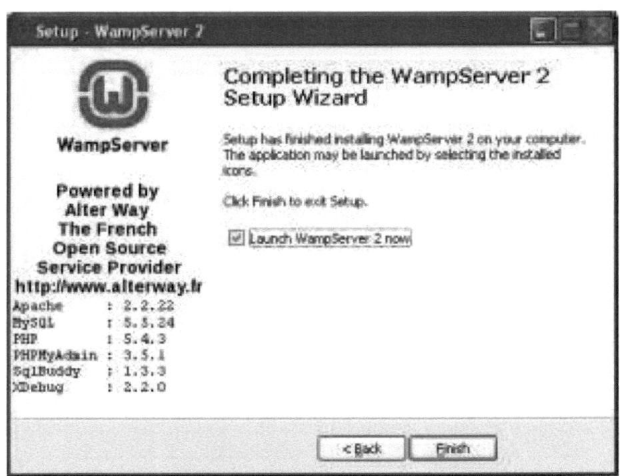

11. Accediendo desde el navegador a la siguiente dirección http://localhost se encuentra la siguiente imagen que muestra que WAMPServer está correctamente instalado y funcionando.

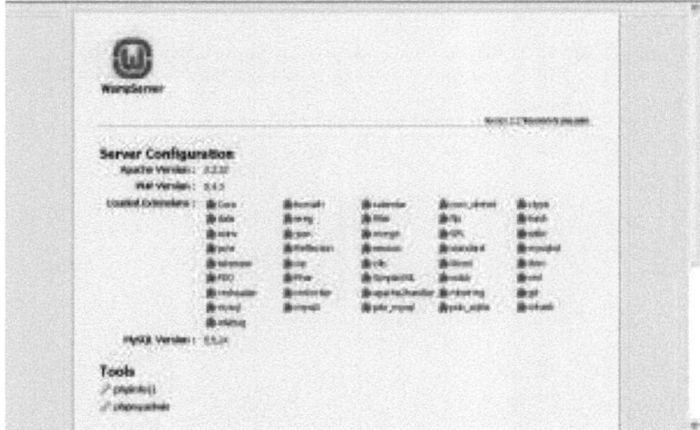

I want morebooks!

Buy your books fast and straightforward online - at one of world's fastest growing online book stores! Environmentally sound due to Print-on-Demand technologies.

Buy your books online at
www.morebooks.shop

¡Compre sus libros rápido y directo en internet, en una de las librerías en línea con mayor crecimiento en el mundo! Producción que protege el medio ambiente a través de las tecnologías de impresión bajo demanda.

Compre sus libros online en
www.morebooks.shop

Printed by Books on Demand GmbH, Norderstedt / Germany